| 大木 | 森 |
|---|---|
| タイボク | シン |
| large tree | forest |
| 男子 | 田んぼ |
| ダンシ | たんぼ |
| Boy | Paddy field |
| 学力 | 長男 |
| ガクリョク | チョウナン |
| Academic ability | Eldest son |
| 女子 | 王子 |
| ジョシ | オウジ |
| Girl | prince |
| 王女 | 王国 |
| オウジョ | オウコク |
| princess | Kingdom |

| | |
|---|---|
| **国会**<br><br>コッカイ<br><br>Diet | **生える**<br><br>はえる<br><br>Grow |
| **大金**<br><br>タイキン<br><br>Big money | **火山**<br><br>カザン<br><br>Volcano |
| **下げる**<br><br>さげる<br><br>Lower | **下る**<br><br>くだる<br><br>Go down |
| **上下**<br><br>ジョウゲ<br><br>Up and down | **後半**<br><br>コウハン<br><br>Latter half |
| **左右**<br><br>サユウ<br><br>Left and right | **東西**<br><br>トウザイ<br><br>East west |

| | |
|---|---|
| **南西**<br><br>ナンセイ<br><br>Southwest | **東南アジア**<br><br>トウナンアジア<br><br>Southeast Asia |
| **南北**<br><br>ナンボク<br><br>North and South | **外れ**<br><br>はずれ<br><br>Slip off |
| **外す**<br><br>はずす<br><br>remove | **外科**<br><br>ゲカ<br><br>Surgery |
| **上京する**<br><br>ジョウキョウする<br><br>going to the capital | **下がる**<br><br>さがる<br><br>Go down |
| **売店**<br><br>バイテン<br><br>Shop | **外部**<br><br>ガイブ<br><br>Outside |

| | |
|---|---|
| 一部<br><br>イチブ<br><br>part | 女中部屋<br><br>ジョチュウべや<br><br>Houseroom |
| 万国<br><br>バンコク<br><br>All nations | 土足で<br><br>ドソクで<br><br>On foot |
| 土地<br><br>トチ<br><br>land | 中間<br><br>チュウカン<br><br>Middle |
| 前半<br><br>ゼンハン<br><br>first half | 日本刀<br><br>ニホントウ<br><br>Japanese sword |
| 夜行<br><br>ヤコウ<br><br>Night trip | 学士<br><br>ガクシ<br><br>Bachelor |

| | |
|---|---|
| 大根<br><br>ダイコン<br><br>Japanese radish | 根気<br><br>コンキ<br><br>Patience |
| 根本的な<br><br>コンポンテキな<br><br>Fundamental | 生年月日<br><br>セイネンガッピ<br><br>Birthday |
| 中古<br><br>チュウコ<br><br>second hand | 矢じるし<br><br>やじるし<br><br>Arrowhead |
| 短気な<br><br>タンキな<br><br>Impatient | 赤十字<br><br>セキジュウジ<br><br>Red Cross |
| 青年<br><br>セイネン<br><br>Youth | 元日<br><br>ガンジツ<br><br>New Year's Day |

| | |
|---|---|
| 作業<br><br>サギョウ<br><br>work | 筆記試験<br><br>ヒッキシケン<br><br>Written exam É |
| 書店<br><br>ショテン<br><br>Bookstore É | 古本<br><br>ふるホン<br><br>secondhand book |
| 教わる<br><br>おそわる<br><br>Be taught | 気に病む<br><br>キにやむ<br><br>Get sick |
| 売買<br><br>バイバイ<br><br>Buying and selling | 天国<br><br>テンゴク<br><br>heaven |
| 役目<br><br>ヤクめ<br><br>Role | 役人<br><br>ヤクニン<br><br>Official |

| | |
|---|---|
| 長所<br>チョウショ<br>Advantage | 短所<br>タンショ<br>Cons |
| 区役所<br>クヤクショ<br>Ward office | 去る<br>さる<br>leave |
| 飲料水<br>インリョウスイ<br>Drinking water | 知人<br>チジン<br>acquaintance |
| 早朝<br>ソウチョウ<br>early morning | 夜明け<br>よあけ<br>breaking Dawn |
| 明日<br>ミョウニチ<br>tomorrow | 金魚<br>キンギョ<br>Goldfish |

| | |
|---|---|
| **白鳥**<br><br>ハクチョウ<br><br>swan | **名人**<br><br>メイジン<br><br>Master |
| **名字**<br><br>ミョウジ<br><br>Last name | **船長**<br><br>センチョウ<br><br>Captain |
| **草書**<br><br>ソウショ<br><br>Herb book | **一言**<br><br>ひとこと<br><br>A word |
| **押入れ**<br><br>おしいれ<br><br>Closet | **外出する**<br><br>ガイシュツする<br><br>go out |
| **多少**<br><br>タショウ<br><br>Somewhat | **国有**<br><br>コクユウ<br><br>State owned |

| | |
|---|---|
| 私有<br><br>シユウ<br><br>Privately owned | 市町村<br><br>シチョウソン<br><br>Municipalities |
| 海草<br><br>カイソウ<br><br>Seaweed | 地味な<br><br>ジミな<br><br>Sober |
| 電池<br><br>デンチ<br><br>battery | 公社<br><br>コウシャ<br><br>Public corporation |
| 味わう<br><br>あじわう<br><br>taste | 気味が悪い<br><br>キミがわるい<br><br>Creepy |
| 日仏<br><br>ニチフツ<br><br>Japan and France | 東大寺<br><br>トウダイジ<br><br>Todai-ji Temple |

| | |
|---|---|
| 寺院<br>ジイン<br>Temple | 文字<br>モジ<br>character |
| 親しい<br>したしい<br>close | 考古学<br>コウコガク<br>Archeology |
| 通知<br>ツウチ<br>notification | 終電<br>シュウデン<br>last train |
| 外交<br>ガイコウ<br>Diplomacy | 階級<br>カイキュウ<br>class |
| 母国語<br>ボコクゴ<br>Native language | 青春<br>セイシュン<br>Youth |

| | |
|---|---|
| 欲<br><br>ヨク<br><br>Greed | 欲ばる<br><br>よくばる<br><br>Want |
| 集中する<br><br>シュウチュウする<br><br>concentrate | 白衣<br><br>ハクイ<br><br>White coat |
| 書道<br><br>ショドウ<br><br>calligraphy | 水道<br><br>スイドウ<br><br>Water supply |
| 地理学<br><br>チリガク<br><br>geography | 雑誌<br><br>ザッシ<br><br>magazine |
| 日刊<br><br>ニッカン<br><br>Daily publication | 朝刊<br><br>チョウカン<br><br>Morning É |

| | |
|---|---|
| 文庫本<br><br>ブンコボン<br><br>paperback | 平野<br><br>ヘイヤ<br><br>Plain |
| 平日<br><br>ヘイジツ<br><br>Weekday | 平気な<br><br>ヘイキな<br><br>Calm |
| 雑用<br><br>ザツヨウ<br><br>Miscellaneous use | 用心する<br><br>ヨウジンする<br><br>Be cautious |
| 大使<br><br>タイシ<br><br>Ambassador | 使用する<br><br>ショウする<br><br>use |
| 建物<br><br>たてもの<br><br>building | 計算<br><br>ケイサン<br><br>Calculation |

| | |
|---|---|
| 入試<br>ニュウシ<br>Entrance exam | 試す<br>ためす<br>try |
| 借家<br>シャクや<br>Rented house | 首相<br>シュショウ<br>Prime Minister |
| 銀行<br>ギンコウ<br>Bank | 氏名<br>シメイ<br>Name |
| 用紙<br>ヨウシ<br>Paper | 緑茶<br>リョクチャ<br>Green Tea |
| 野球<br>ヤキュウ<br>baseball | 全体<br>ゼンタイ<br>The entire |

| | |
|---|---|
| 気体<br>キタイ<br>gas | 空港<br>クウコウ<br>airport |
| 付近<br>フキン<br>near | 上映中<br>ジョウエイチュウ<br>Now showing |
| 予言<br>ヨゲン<br>Prophecy | 予算<br>ヨサン<br>budget |
| 定休日<br>テイキュウび<br>Regular holiday | 費用<br>ヒヨウ<br>cost |
| 交代で<br>コウタイで<br>In turn | 代わり<br>かわり<br>Instead |

| | |
|---|---|
| **受験する**<br><br>ジュケンする<br><br>Take an examination | **洋間**<br><br>ヨウま<br><br>Yoma |
| **開店**<br><br>カイテン<br><br>Opening a store | **開館日**<br><br>カイカンび<br><br>Opening day |
| **閉館日**<br><br>ヘイカンび<br><br>Closing day | **問い**<br><br>とい<br><br>question |
| **欠点**<br><br>ケッテン<br><br>Disadvantage | **欠ける**<br><br>かける<br><br>Chip |
| **辞職**<br><br>ジショク<br><br>Resignation | **会場**<br><br>カイジョウ<br><br>Venue |

| | |
|---|---|
| **市場**<br><br>シジョウ<br><br>market | **入場料**<br><br>ニュウジョウリョウ<br><br>Admission fee |
| **体重**<br><br>タイジュウ<br><br>body weight | **軽食**<br><br>ケイショク<br><br>Snack |
| **早速**<br><br>サッソク<br><br>immediately | **黒板**<br><br>コクバン<br><br>blackboard |
| **正午**<br><br>ショウゴ<br><br>noon | **不正**<br><br>フセイ<br><br>Fraud |
| **合理的な**<br><br>ゴウリテキな<br><br>rational | **集合**<br><br>シュウゴウ<br><br>set |

| | |
|---|---|
| 運転<br>ウンテン<br>operation | 市民<br>シミン<br>Citizen |
| 住民<br>ジュウミン<br>residents | 民間<br>ミンカン<br>private |
| 冬眠<br>トウミン<br>hibernation | 直通<br>チョクツウ<br>Direct |
| 正直な<br>ショウジキな<br>honest | 曲線<br>キョクセン<br>curve |
| 続<br>ゾク<br>Continued | 手段<br>シュダン<br>means |

| | |
|---|---|
| 歯医者<br><br>はイシャ<br><br>Dentist | 太平洋<br><br>タイヘイヨウ<br><br>Pacific Ocean |
| 狭い<br><br>せまい<br><br>narrow | 活動<br><br>カツドウ<br><br>Activity |
| 活発な<br><br>カッパツな<br><br>Active | 活気がある<br><br>カッキがある<br><br>Spirited |
| 歩道橋<br><br>ホドウキョウ<br><br>Footbridge | 渡米する<br><br>トベイする<br><br>To visit the United States |
| 進学する<br><br>シンガクする<br><br>Go to school | 先進国<br><br>センシンコク<br><br>Developed country |

| | |
|---|---|
| 横断歩道<br><br>オウダンホドウ<br><br>crosswalk | 開会式<br><br>カイカイシキ<br><br>Opening ceremony |
| 公式<br><br>コウシキ<br><br>official | 区別<br><br>クベツ<br><br>Distinction |
| 特集<br><br>トクシュウ<br><br>Feature | 特色<br><br>トクショク<br><br>Special feature |
| 涼子<br><br>リョウこ<br><br>Ryoko | 人工知能<br><br>ジンコウチノウ<br><br>Artificial intelligence |
| 大工<br><br>ダイク<br><br>carpenter | 長方形<br><br>チョウホウケイ<br><br>Rectangular |

| | |
|---|---|
| 形式<br><br>ケイシキ<br><br>format | 薬局<br><br>ヤッキョク<br><br>pharmacy |
| 命令<br><br>メイレイ<br><br>order | 熱心な<br><br>ネッシンな<br><br>enthusiastic |
| 熱中する<br><br>ネッチュウする<br><br>Enthusiasm to | 冷静な<br><br>レイセイな<br><br>Calm |
| 熱湯<br><br>ネットウ<br><br>Hot water | 氷<br><br>こおり<br><br>ice |
| 苦心する<br><br>クシンする<br><br>Struggle | 苦痛<br><br>クツウ<br><br>pain |

| | |
|---|---|
| 静けさ<br><br>しずけさ<br><br>Tranquility | 静まる<br><br>しずまる<br><br>Calm down |
| 方向<br><br>ホウコウ<br><br>direction | 特急<br><br>トッキュウ<br><br>Express |
| 急用<br><br>キュウヨウ<br><br>urgent business | 登山<br><br>トザン<br><br>Mountain climbing |
| 練習<br><br>レンシュウ<br><br>practice | 練る<br><br>ねる<br><br>Knead |
| 予習<br><br>ヨシュウ<br><br>Preparation | 風習<br><br>フウシュウ<br><br>Custom |

| | |
|---|---|
| 通帳<br><br>ツウチョウ<br><br>passbook | 相続<br><br>ソウゾク<br><br>inheritance |
| 首相<br><br>シュショウ<br><br>Prime Minister | 雑談<br><br>ザツダン<br><br>Chat |
| 工場<br><br>コウジョウ<br><br>factory | 合宿<br><br>ガッシュク<br><br>Training camp |
| 壁画<br><br>ヘキガ<br><br>Mural | 寝床<br><br>ねどこ<br><br>bed |
| 玄米茶<br><br>ゲンマイチャ<br><br>Brown rice tea | 不動産屋<br><br>フドウサンや<br><br>The Realtor |

| | |
|---|---|
| 土産<br>みやげ<br>gift | 下品な<br>ゲヒンな<br>Vulgar |
| 不利な<br>フリな<br>Unfavorable | 便利な<br>ベンリな<br>Convenient |
| 船便<br>ふなビン<br>Ship mail | 勢力<br>セイリョク<br>power |
| 主人公<br>シュジンコウ<br>hero | 両側<br>リョウがわ<br>both sides |
| 訓練<br>クンレン<br>Training | 根性<br>コンジョウ<br>guts |

| | |
|---|---|
| **郵便局**<br><br>ユウビンキョク<br><br>post office | **貯金箱**<br><br>チョキンばこ<br><br>Piggy bank |
| **給食**<br><br>キュウショク<br><br>Lunch | **運賃**<br><br>ウンチン<br><br>fare |
| **良心**<br><br>リョウシン<br><br>conscience | **良家**<br><br>リョウケ<br><br>Good family |
| **割る**<br><br>わる<br><br>Divide | **分割**<br><br>ブンカツ<br><br>Split |
| **超過**<br><br>チョウカ<br><br>Excess | **次元**<br><br>ジゲン<br><br>dimension |

| | |
|---|---|
| 祭日<br>サイジツ<br>Festival day | 努力家<br>ドリョクカ<br>Hard worker |
| 温泉<br>オンセン<br>Hot spring | 勝負<br>ショウブ<br>Match |
| 残業手当<br>ザンギョウてあて<br>overtime pay | 信念<br>シンネン<br>belief |
| 財布<br>サイフ<br>wallet | 皮肉<br>ヒニク<br>Sarcasm |
| 疲労<br>ヒロウ<br>fatigue | 苦労する<br>クロウする<br>To struggle |

| | |
|---|---|
| 過労<br><br>カロウ<br><br>overwork | 貧しい<br><br>まずしい<br><br>poor |
| 貧弱な<br><br>ヒンジャクな<br><br>Weak | 乏しい<br><br>とぼしい<br><br>poor |
| 倒産<br><br>トウサン<br><br>bankruptcy | 成分<br><br>セイブン<br><br>component |
| 成績<br><br>セイセキ<br><br>Grade | 化石<br><br>カセキ<br><br>fossil |
| 好意<br><br>コウイ<br><br>Favor | 停止<br><br>テイシ<br><br>Stop |

| | |
|---|---|
| 勝利<br>ショウリ<br>victory | 性格<br>セイカク<br>Character |
| 頂上<br>チョウジョウ<br>the top | 月並み<br>つきなみ<br>Monthly |
| 並行する<br>ヘイコウする<br>Parallel | 研究<br>ケンキュウ<br>the study |
| ポンパドール夫人<br>ポンパドール フジン<br>Pompadours | 工夫<br>クフウ<br>Invention |
| 田中夫妻<br>田中フサイ<br>Mr. and Mrs. Tanaka | 主婦<br>シュフ<br>housewife |

| | |
|---|---|
| 夫婦<br>フウフ<br>couple | 婦人服売り場<br>フジンフクうりば<br>Women's clothing department |
| お坊さん<br>おボウさん<br>monk | 光線<br>コウセン<br>Ray |
| 祝日<br>シュクジツ<br>public holiday | 保育園<br>ホイクエン<br>Nursery |
| 要ります<br>いります<br>I need | 重要<br>ジュウヨウ<br>important |
| 主要な<br>シュヨウな<br>Major | 必要な<br>ヒツヨウな<br>necessary |

| | |
|---|---|
| **必死の**<br>ヒッシの<br>Desperate | **予約**<br>ヨヤク<br>Reservation |
| **婚約**<br>コンヤク<br>engagement | **要約**<br>ヨウヤク<br>wrap up |
| **約束**<br>ヤクソク<br>Promise | **無理な**<br>ムリな<br>Unreasonable |
| **無駄な**<br>ムダな<br>Useless | **珍しい**<br>めずらしい<br>rare |
| **学歴**<br>ガクレキ<br>Academic background | **史料**<br>シリョウ<br>Historical materials |

| | |
|---|---|
| 各国<br>カッコク<br>Each country | 手伝う<br>てつだう<br>help |
| 伝言<br>デンゴン<br>message | 伝説<br>デンセツ<br>Legend |
| 伝記<br>デンキ<br>biography | 天気予報<br>テンキヨホウ<br>weather forecast |
| 報道<br>ホウドウ<br>Coverage | 報告書<br>ホウコクショ<br>report |
| 広告<br>コウコク<br>Advertisement | 告白する<br>コクハクする<br>confess |

| | |
|---|---|
| 記入<br><br>キニュウ<br><br>Fill in | 記号<br><br>キゴウ<br><br>symbol |
| 記事<br><br>キジ<br><br>article | 記者<br><br>キシャ<br><br>Reporter |
| 日記<br><br>ニッキ<br><br>diary | 暗記する<br><br>アンキする<br><br>Memorize |
| 訳す<br><br>ヤクす<br><br>Translate | 通訳<br><br>ツウヤク<br><br>Interpreter |
| 訳<br><br>わけ<br><br>Translation | 申し訳<br><br>もうしわけ<br><br>Sorry |

| | |
|---|---|
| **言い訳**<br><br>いいわけ<br><br>excuse | **感じる**<br><br>カンじる<br><br>feel |
| **感心する**<br><br>カンシンする<br><br>admire | **感動**<br><br>カンドウ<br><br>Impressed |
| **直感**<br><br>チョッカン<br><br>Intuition | **同感**<br><br>ドウカン<br><br>Agreement |
| **覚える**<br><br>おぼえる<br><br>Remember | **覚める**<br><br>さめる<br><br>wake |
| **覚ます**<br><br>さます<br><br>Wake up | **目覚まし**<br><br>めざまし<br><br>Alarm |

| | |
|---|---|
| 自覚<br><br>ジカク<br><br>Awareness | 感覚<br><br>カンカク<br><br>sense |
| 案<br><br>アン<br><br>Draft | 答案<br><br>トウアン<br><br>Answer |
| 名案<br><br>メイアン<br><br>good idea | 案内<br><br>アンナイ<br><br>guide |
| 野原<br><br>のはら<br><br>field | 原料<br><br>ゲンリョウ<br><br>material |
| 原子力<br><br>ゲンシリョク<br><br>Nuclear power | 原発<br><br>ゲンパツ<br><br>Nuclear power plant |

| | |
|---|---|
| **原始時代**<br><br>ゲンシジダイ<br><br>Primitive age É | **原理**<br><br>ゲンリ<br><br>principle |
| **原因**<br><br>ゲンイン<br><br>Cause | **願う**<br><br>ねがう<br><br>Wish |
| **願書**<br><br>ガンショ<br><br>Application form | **科学**<br><br>カガク<br><br>Science |
| **人文科学**<br><br>ジンブンカガク<br><br>Humanities | **教科書**<br><br>キョウカショ<br><br>textbook |
| **学科**<br><br>ガッカ<br><br>Department | **語学科**<br><br>ゴガクカ<br><br>Language department |

| | |
|---|---|
| 期間<br>キカン<br>period | 学期<br>ガッキ<br>semester |
| 学期末<br>ガッキマツ<br>The end of the semester | 前期<br>ゼンキ<br>Previous period |
| 後期<br>コウキ<br>Late | 初期<br>ショキ<br>initial |
| 時期<br>ジキ<br>season | 期待<br>キタイ<br>Expectation |
| 電子工学科<br>デンシコウガッカ<br>Electronic Engineering Department | 言語学科<br>ゴンゴガッカ<br>Linguistics Department |

| | |
|---|---|
| **中期**<br>チュウキ<br>Mid term | **短期大**<br>タンキダイ<br>Short-term large |
| **直接**<br>チョクセツ<br>Directly | **間接的に**<br>カンセツテキに<br>Indirectly |
| **接続**<br>セツゾク<br>Connection | **面接**<br>メンセツ<br>interview |
| **洗面台**<br>センメンダイ<br>Wash basin | **正面**<br>ショウメン<br>front |
| **画面**<br>ガメン<br>Screen É | **地面**<br>ジメン<br>Ground |

| | |
|---|---|
| **面倒な**<br><br>メンドウな<br><br>Cumbersome | **面倒を見る**<br><br>メンドウをみる<br><br>take care of |
| **面白い**<br><br>おもしろい<br><br>interesting | **真面目**<br><br>まじめ<br><br>serious |
| **晴れ**<br><br>はれ<br><br>Sunny | **晴れ着**<br><br>はれぎ<br><br>Sunday best clothes |
| **気晴らし**<br><br>キばらし<br><br>Distraction | **雪**<br><br>ゆき<br><br>snow |
| **居心地Ê**<br><br>いごこち<br><br>Feel comfortable | **居眠り**<br><br>いねむり<br><br>Doze |

| | |
|---|---|
| **別居する**<br><br>ベッキョする<br><br>Separate | **寝る**<br><br>ねる<br><br>sleep |
| **昼寝**<br><br>ひるね<br><br>nap | **寝坊する**<br><br>ねボウする<br><br>Go to bed |
| **寝室**<br><br>シンシツ<br><br>Bedroom | **訪問**<br><br>ホウモン<br><br>visit |
| **訪ねる**<br><br>たずねる<br><br>visit | **送る**<br><br>おくる<br><br>send |
| **送って行く/送って来る**<br><br>おくっていく/おくってくる<br><br>Send / send | **見送り**<br><br>みおくり<br><br>Send-off |

| | |
|---|---|
| 送別会<br>ソウベツカイ<br>farewell party | 郵送<br>ユウソウ<br>Mail |
| 送料<br>ソウリョウ<br>Shipping cost | 留まる<br>とまる<br>stay |
| 留める<br>とめる<br>stop | 留学<br>リュウガク<br>Study abroad É |
| 留年する<br>リュウネンする<br>Hold a year | 守る<br>まもる<br>protect |
| 保守的な<br>ホシュテキな<br>Conservative | 留守<br>ルス<br>Absent |

| | |
|---|---|
| 留守番<br><br>ルスバン<br><br>Caretaker | 留守番電話<br><br>ルスバンデンワ<br><br>Answering machine |
| 失礼<br><br>シツレイ<br><br>Excuse me | 失業<br><br>シツギョウ<br><br>unemployment |
| 失業する<br><br>シツギョウする<br><br>Be unemployed | 失敗<br><br>シッパイ<br><br>Failure É |
| 失う<br><br>うしなう<br><br>lose | 当たる<br><br>あたる<br><br>Hit |
| 当たり<br><br>あたり<br><br>Hit | 当たり前<br><br>あたりまえ<br><br>Obvious |

| | |
|---|---|
| **当てる**<br><br>あてる<br><br>Hit | **当て**<br><br>あて<br><br>Hit |
| **当てにする**<br><br>あてにする<br><br>Rely on | **当てになる**<br><br>あてになる<br><br>Be relied upon |
| **手当**<br><br>てあて<br><br>allowance | **当人**<br><br>トウニン<br><br>Person |
| **当日**<br><br>トウジツ<br><br>That day | **当分**<br><br>トウブン<br><br>For the time being |
| **相当**<br><br>ソウトウ<br><br>Equivalent | **事実**<br><br>ジジツ<br><br>fact |

| | |
|---|---|
| 真実<br><br>シンジツ<br><br>truth | 写実的な<br><br>シャジツテキな<br><br>Realistic |
| 実行<br><br>ジッコウ<br><br>Execution | 実験<br><br>ジッケン<br><br>Experiment |
| 実<br><br>み<br><br>Real | 実る<br><br>みのる<br><br>Produce |
| 再び<br><br>ふたたび<br><br>again | 再婚<br><br>サイコン<br><br>Remarriage |
| 再開<br><br>サイカイ<br><br>Resume | 治す<br><br>なおす<br><br>cure |

| | |
|---|---|
| **治る**<br><br>なおる<br><br>Heal | **治める**<br><br>おさめる<br><br>Govern |
| **治まるÊ**<br><br>おさまる<br><br>Get rid of | **明治時代**<br><br>メイジジダイ<br><br>Meiji period |
| **治安**<br><br>チアン<br><br>Security | **勤める**<br><br>つとめる<br><br>serve |
| **通勤する**<br><br>ツウキンする<br><br>Commute | **務める**<br><br>つとめる<br><br>serve |
| **勤務**<br><br>キンム<br><br>Work | **事務員**<br><br>ジムイン<br><br>clerk |

| | |
|---|---|
| 事務所<br><br>ジムショ<br><br>The office | 公務員<br><br>コウムイン<br><br>Civil servant |
| 伝える<br><br>つたえる<br><br>Tell | 表す<br><br>あらわす<br><br>Represent |
| 表れる<br><br>あらわれる<br><br>appear | 表<br><br>ヒョウ<br><br>table |
| 表紙<br><br>ヒョウシ<br><br>Cover | 表面<br><br>ヒョウメン<br><br>surface |
| 代表<br><br>ダイヒョウ<br><br>representative | 裏切り<br><br>うらぎり<br><br>betrayal |

| | |
|---|---|
| 反感<br><br>ハンカン<br><br>Antipathy | 反映する<br><br>ハンエイする<br><br>reflect |
| 反対<br><br>ハンタイ<br><br>Opposite | 対立<br><br>タイリツ<br><br>Conflict |
| 対する<br><br>タイする<br><br>Against | 賛成<br><br>サンセイ<br><br>Agree |
| 否定<br><br>ヒテイ<br><br>denial | 応じる<br><br>おうじる<br><br>Respond |
| 反応<br><br>ハンノウ<br><br>reaction | 応用<br><br>オウヨウ<br><br>application |

| | |
|---|---|
| 一応<br>イチオウ<br>Anyway | 反省<br>ハンセイ<br>Reflection |
| 省エネルギー<br>ショウエネルギー<br>Energy saving | 文科省<br>モンカショウ<br>Ministry of Education |
| 外務省<br>ガイムショウ<br>Foreign Ministry | 省く<br>はぶく<br>Omit |
| 略す<br>リャクす<br>Abbreviate | 省略<br>ショウリャク<br>Omission |
| 略号<br>リャクゴウ<br>Abbreviation | 乗り違える<br>のりちがえる<br>Get over |

| | |
|---|---|
| 違反<br>イハン<br>violation | 決心<br>ケッシン<br>Determination |
| 決定<br>ケッテイ<br>Decision | 可決する<br>カケツする<br>To pass |
| 定義<br>テイギ<br>Definition | 意義<br>イギ<br>Significance |
| 社会主義<br>シャカイシュギ<br>Socialism | 義理<br>ギリ<br>In-law |
| 義務<br>ギム<br>Duty | 議会<br>ギカイ<br>Parliament |

| | |
|---|---|
| **会議**<br><br>カイギ<br><br>Conference | **議員**<br><br>ギイン<br><br>Congressman |
| **不思議な**<br><br>フシギな<br><br>mysterious | **議論**<br><br>ギロン<br><br>Discussion |
| **反論**<br><br>ハンロン<br><br>Objections | **世論**<br><br>セロン<br><br>public opinion |
| **論理**<br><br>ロンリ<br><br>logic | **理論**<br><br>リロン<br><br>theory |
| **結論**<br><br>ケツロン<br><br>Conclusion | **修士論文**<br><br>シュウシロンブン<br><br>master's thesis |

| | |
|---|---|
| 機会 / 時機<br><br>キカイ / ジキ<br><br>Opportunity / timing | 動機<br><br>ドウキ<br><br>Motive |
| 機械<br><br>キカイ<br><br>machine | 飛行機<br><br>ヒコウキ<br><br>airplane |
| 食器<br><br>ショッキ<br><br>Tableware | 器具<br><br>キグ<br><br>Apparatus |
| 楽器<br><br>ガッキ<br><br>Musical instrument | 受話器<br><br>ジュワキ<br><br>Handset |
| 器<br><br>うつわ<br><br>vessel | 修正<br><br>シュウセイ<br><br>Fix |

| | |
|---|---|
| 修理<br>シュウリ<br>Repair | 研修<br>ケンシュウ<br>training |
| 修士号<br>シュウシゴウ<br>master's degree | 神経<br>シンケイ<br>Nerve |
| 経験<br>ケイケン<br>experience | 経済産業省<br>ケイザイサンギョウショウ<br>Ministry of Economy, Trade and Industry |
| 経費<br>ケイヒ<br>Expenses | 経営<br>ケイエイ<br>management |
| 経営者<br>ケイエイシャ<br>Manager | 営業中<br>エイギョウチュウ<br>open for business |

| | |
|---|---|
| **自由主義**<br><br>ジュウシュギ<br><br>Liberalism | **理由**<br><br>リユウ<br><br>the reason |
| **経由**<br><br>ケイユ<br><br>via | **必然**<br><br>ヒツゼン<br><br>Inevitable |
| **当然**<br><br>トウゼン<br><br>Of course | **天然記念物**<br><br>テンネンキネンブツ<br><br>Natural monument |
| **風景**<br><br>フウケイ<br><br>Landscape | **景気**<br><br>ケイキ<br><br>Economy |
| **不景気**<br><br>フケイキ<br><br>Recession | **景色**<br><br>ケシキ<br><br>Landscape |

| | |
|---|---|
| **習慣**<br><br>シュウカン<br><br>Habit | **ふたを取る**<br><br>ふたをとる<br><br>Take the lid |
| **まんてんを取る**<br><br>まんてんをとる<br><br>To take | **取り戻す**<br><br>とりもどす<br><br>regain |
| **取材**<br><br>シュザイ<br><br>Coverage | **消化**<br><br>ショウカ<br><br>digestion |
| **消火器**<br><br>ショウカキ<br><br>Fire extinguisher | **最低の**<br><br>サイテイの<br><br>Lowest |
| **危機**<br><br>キキ<br><br>crisis | **険しい**<br><br>けわしい<br><br>Steep |

| | |
|---|---|
| 危険<br><br>キケン<br><br>Danger | 保険<br><br>ホケン<br><br>insurance |
| **恐れる**<br><br>おそれる<br><br>fear | **泊まる**<br><br>とまる<br><br>stay |
| 宿泊<br><br>シュクハク<br><br>Lodging | 表通り<br><br>おもてどおり<br><br>According to the table |
| 生野菜<br><br>なまヤサイ<br><br>Raw vegetables | 前菜<br><br>ゼンサイ<br><br>Appetizer |
| 絵画<br><br>カイガ<br><br>Painting | **が固まる**<br><br>が かたまる<br><br>Solidify |

| を固める | 固有の |
|---|---|
| を かためる | コユウの |
| Harden | Specific |

| 常に | 日常 |
|---|---|
| つねに | ニチジョウ |
| always | Everyday |

| 正常な | 異なる |
|---|---|
| セイジョウな | ことなる |
| normal | Different |

| 異常な | 事変 |
|---|---|
| イジョウな | ジヘン |
| Abnormal | Incident |

| 非常に | 非常口 |
|---|---|
| ヒジョウに | ヒジョウグチ |
| very | emergency exit |

| | |
|---|---|
| 非難<br><br>ヒナン<br><br>Blame | 知識人<br><br>チシキニン<br><br>Intellectual person |
| 意識<br><br>イシキ<br><br>Consciousness | 無意識に<br><br>ムイシキに<br><br>unconsciously |
| 常識<br><br>ジョウシキ<br><br>common sense | 常識的<br><br>ジョウシキテキ<br><br>Common sense |
| 良識<br><br>リョウシキ<br><br>Good sense | 同窓会<br><br>ドウソウカイ<br><br>Reunion |
| 突っつく<br><br>つっつく<br><br>Plunge | 突く<br><br>つく<br><br>poke |

| | |
|---|---|
| **突き飛ばす**<br><br>つきとばす<br><br>Plunge | **突き当たり**<br><br>つきあたり<br><br>End |
| **突っ込む**<br><br>つっこむ<br><br>Plunge into | **突然**<br><br>トツゼン<br><br>suddenly |
| **打つ**<br><br>うつ<br><br>strike | **値打ち**<br><br>ねうち<br><br>value |
| **打ち明ける**<br><br>うちあける<br><br>be frank | **打ち合わせる**<br><br>うちあわせる<br><br>Meet up |
| **打ち切る**<br><br>うちきる<br><br>abort | **打算的な**<br><br>ダサンテキな<br><br>Costal |

| | |
|---|---|
| **人差し指**<br><br>ひとさしゆび<br><br>index finger | **指定する**<br><br>シテイする<br><br>specify |
| **指定席**<br><br>シテイセキ<br><br>Reserved seat | **指図**<br><br>さしズ<br><br>Order |
| **を 抜く**<br><br>を ぬく<br><br>Pull out | **見抜く**<br><br>みぬく<br><br>See through |
| **抜き出す**<br><br>ぬきだす<br><br>Pull out | **が 抜ける**<br><br>が ぬける<br><br>Get out |
| **を 抜かす**<br><br>を ぬかす<br><br>Remove | **招く**<br><br>まねく<br><br>Invite |

| | |
|---|---|
| 招待<br>ショウタイ<br>Invitation | 示す<br>しめす<br>Show |
| 表示<br>ヒョウジ<br>display | 指示<br>シジ<br>Instructions |
| 禁じる<br>キンじる<br>Prohibit | 禁止<br>キンシ<br>Ban |
| 合法の<br>ゴウホウの<br>Legal | 違法の<br>イホウの<br>Illegal |
| 方法<br>ホウホウ<br>Method | 作法<br>サホウ<br>Manner |

| | |
|---|---|
| 使用法<br>ショウホウ<br>how to use | 寄る<br>よる<br>Come close |
| 近寄る<br>ちかよる<br>Get close | 寄りかかる<br>よりかかる<br>Lean on |
| 寄せる<br>よせる<br>Get close | 寄付<br>キフ<br>Donation |
| 背中<br>せなか<br>back | 背く<br>そむく<br>Turn away |
| 背景<br>ハイケイ<br>background | 取り返す<br>とりかえす<br>Get back |

| | |
|---|---|
| **返る**<br><br>かえる<br><br>Return | **返事**<br><br>ヘンジ<br><br>reply |
| **返送する**<br><br>ヘンソウする<br><br>Send back | **追う**<br><br>おう<br><br>Chase |
| **追いかける**<br><br>おいかける<br><br>Chase | **追い付く**<br><br>おいつく<br><br>catch up |
| **追い出す**<br><br>おいだす<br><br>Kick out | **追試**<br><br>ツイシ<br><br>Additional examination |
| **放す**<br><br>はなす<br><br>Release | **放送局**<br><br>ホウソウキョウク<br><br>Broadcaster |

| | |
|---|---|
| 追放<br><br>ツイホウ<br><br>Exile | 開放<br><br>カイホウ<br><br>Open |
| 逃げる<br><br>にげる<br><br>escape | 逃がす<br><br>にがす<br><br>Let go |
| 見逃す<br><br>みのがす<br><br>miss | 亡くなる<br><br>なくなる<br><br>Die |
| 死亡<br><br>シボウ<br><br>death | 迷うÊ<br><br>まよう<br><br>Get lost |
| 迷路<br><br>メイロ<br><br>maze | 迷信<br><br>メイシン<br><br>superstition |

| | |
|---|---|
| 道路<br><br>ドウロ<br><br>road | 道路工事<br><br>ドウロコウジ<br><br>Road construction |
| 高速道路<br><br>コウソクドウロ<br><br>highway | 進路<br><br>シンロ<br><br>course |
| 路地<br><br>ロジ<br><br>alley | 通路<br><br>ツウロ<br><br>aisle |
| 混ぜる<br><br>まぜる<br><br>mix | 混ざる<br><br>まざる<br><br>Mix up |
| 混じる<br><br>まじる<br><br>Mix | 混合<br><br>コンゴウ<br><br>mixture |

| | |
|---|---|
| **配る**<br><br>くばる<br><br>Distribute | **配達**<br><br>ハイタツ<br><br>delivery |
| **分配**<br><br>ブンパイ<br><br>Distribution | **心配**<br><br>シンパイ<br><br>worry |
| **置く**<br><br>おく<br><br>Put | **置物**<br><br>おきもの<br><br>ornament |
| **物置**<br><br>ものおき<br><br>Storeroom | **配置**<br><br>ハイチ<br><br>Placement |
| **放置**<br><br>ホウチ<br><br>Left alone | **収める**<br><br>おさめる<br><br>Fit |

| | |
|---|---|
| 収入<br><br>シュウニュウ<br><br>income | 回収<br><br>カイシュウ<br><br>Recovery |
| 頼む<br><br>たのむ<br><br>ask | 頼る<br><br>たよる<br><br>rely |
| 信頼<br><br>シンライ<br><br>Trust | 植民地<br><br>ショクミンチ<br><br>Colony |
| 桜<br><br>さくら<br><br>Cherry Blossoms | 耳鳴り<br><br>みみなり<br><br>Tinnitus |
| 鳴き声<br><br>なきごえ<br><br>cry | 次第<br><br>シダイ<br><br>Order |

| | |
|---|---|
| 次第に<br><br>シダイに段々<br><br>gradually | 落第<br><br>ラクダイ<br><br>Failure |
| 位置<br><br>イチ<br><br>position | 位<br><br>くらい<br><br>Order |
| 単位<br><br>タンイ<br><br>unit | 単数<br><br>タンスウ<br><br>Singular |
| 単語<br><br>タンゴ<br><br>word | 単調な<br><br>タンチョウな<br><br>Monotonous |
| 簡単<br><br>カンタン<br><br>Simple | 個性<br><br>コセイ<br><br>Individuality |

| | |
|---|---|
| **都内**<br>トナイ<br>Tokyo | **首都**<br>シュト<br>capital |
| **都合**<br>ツゴウ<br>Convenience | **青森県**<br>あおもりケン<br>Aomori Prefecture |
| **巾**<br>はば<br>Width | **布巾**<br>フキン<br>Cloth |
| **帯**<br>おび<br>band | **理解**<br>リカイ<br>Understanding |
| **解答**<br>カイトウ<br>answer | **紙包み**<br>かみづつみ<br>Paper package |

| | |
|---|---|
| 包帯<br>ホウタイ<br>bandage | 割引<br>わりびき<br>discount |
| 引用<br>インヨウ<br>Quote | 出張<br>シュッチョウ<br>business trip |
| 構いません<br>かまいません<br>does not matter | 結構な<br>ケッコウな<br>Well |
| 調べる<br>しらべる<br>Examine | 調和<br>チョウワ<br>Harmony |
| 準急<br>ジュンキュウ<br>Semi-quick | 準備<br>ジュンビ<br>Preparation |

| | |
|---|---|
| **不備**<br><br>フビ<br><br>Flaw | **加える**<br><br>くわえる<br><br>Add |
| **加工品**<br><br>カコウヒン<br><br>Processed goods | **お参り**<br><br>おまいり<br><br>Welcome |
| **参加**<br><br>サンカ<br><br>Participation | **参考書**<br><br>サンコウショ<br><br>Reference book |
| **越える**<br><br>こえる<br><br>Exceed | **引っ越す**<br><br>ひっこす<br><br>move |
| **現実**<br><br>ゲンジツ<br><br>reality | **浮世絵**<br><br>うきよエ<br><br>Ukiyo-e |

| | |
|---|---|
| **浮かぶ**<br><br>うかぶ<br><br>Float | **浮気**<br><br>うわキ<br><br>Flirt |
| **深い**<br><br>ふかい<br><br>deep | **忘年会**<br><br>ボウネンカイ<br><br>Year-end party |
| **助かりました**<br><br>たすかりました<br><br>I was saved | **例外**<br><br>レイガイ<br><br>exception |
| **細かい**<br><br>こまかい<br><br>Detailed | **細部**<br><br>サイブ<br><br>details |
| **粉チーズ**<br><br>こなチーズ<br><br>Powdered cheese | **植える**<br><br>うえる<br><br>Plant |

| | |
|---|---|
| **果物**<br>くだもの<br>fruit | **課長**<br>カチョウ<br>Manager |
| **専門**<br>センモン<br>Specialty | **専用**<br>センヨウ<br>designated |
| **芸者**<br>ゲイシャ<br>geisha | **芸能**<br>ゲイノウ<br>Entertainment |
| **芸術家**<br>ゲイジュツカ<br>Artist | **技術者**<br>ギジュツシャ<br>engineer |
| **資本主義**<br>シホンシュギ<br>capitalism | **卒業**<br>ソツギョウ<br>graduate |

| | |
|---|---|
| 平等な<br><br>ビョウドウな<br><br>Equal | 等しい<br><br>ひとしい<br><br>equal |
| 一昨日<br><br>イッサクジツ<br><br>day before yesterday | 昨夜<br><br>ゆうべ<br><br>last night |
| 一昨日<br><br>おととい<br><br>day before yesterday | 乗客<br><br>ジョウキャク<br><br>passenger |
| 様子<br><br>ヨウス<br><br>State | 同様の<br><br>ドウヨウの<br><br>similar |
| 帰宅する<br><br>キタクする<br><br>To return home | 住宅<br><br>ジュウタク<br><br>Housing |

| | |
|---|---|
| **お札**<br><br>おサツ<br><br>bill | **名札**<br><br>なふだ<br><br>Name tag |
| **荷物**<br><br>にモツ<br><br>Baggage | **出荷する**<br><br>シュッカする<br><br>Ship |
| **入荷する**<br><br>ニュウカするÊ<br><br>put into stock | **座席**<br><br>ザセキ<br><br>seat |
| **口座**<br><br>コウザ<br><br>account | **銀座**<br><br>ギンザ<br><br>Ginza |
| **事件**<br><br>じけん<br><br>Incident | **客間**<br><br>キャクま<br><br>Guest room |

| | |
|---|---|
| 乗客<br><br>ジョウキャク<br><br>passenger | 様々な<br><br>さまざまな<br><br>various |
| 様子<br><br>ヨウス<br><br>State | 様式<br><br>ヨウシキ<br><br>Style |
| 同様の<br><br>ドウヨウの<br><br>similar | 自宅<br><br>ジタク<br><br>home |
| 帰宅<br><br>キタク<br><br>Go home | 住宅<br><br>ジュウタク<br><br>Housing |
| 名札<br><br>なふだ<br><br>Name tag | 荷物<br><br>にモツ<br><br>Baggage |

| | |
|---|---|
| **重荷**<br><br>おもに<br><br>Heavy burden | **出荷する**<br><br>シュッカする<br><br>Ship |
| **座る**<br><br>すわる<br><br>sit | **座席**<br><br>ザセキ<br><br>seat |
| **正座する**<br><br>セイザする<br><br>Sit upright | **口座**<br><br>コウザ<br><br>account |
| **銀座**<br><br>ギンザ<br><br>Ginza | **移民**<br><br>イミン<br><br>Immigration |
| **連れて行く**<br><br>つれていく<br><br>Take me | **関連**<br><br>カンレン<br><br>Relation |

| | |
|---|---|
| 連続<br><br>レンゾク<br><br>Continuous | 国連<br><br>コクレン<br><br>United Nations |
| 連絡<br><br>レンラク<br><br>Contact | 抱く<br><br>だく<br><br>Hold |
| 支える<br><br>ささえる<br><br>support | 流れる<br><br>ながれる<br><br>Flow |
| 流れ作業<br><br>ながれサギョウ<br><br>Flow work | 流し<br><br>ながし<br><br>sink |
| 中流<br><br>チュウリュウ<br><br>Middle class | 交流<br><br>コウリュウ<br><br>Alternating current |

| | |
|---|---|
| **替える**<br><br>かえる<br><br>Change | **両替**<br><br>リョウがえ<br><br>Money exchange |
| **整理**<br><br>セイリ<br><br>Organize | **整然と**<br><br>セイゼンと<br><br>Neatly |
| **整備**<br><br>セイビ<br><br>Maintenance | **制度**<br><br>セイド<br><br>system |
| **制服**<br><br>セイフク<br><br>uniform | **強制**<br><br>キョウセイする<br><br>Forced |
| **制作**<br><br>セイサク<br><br>Production | **情熱**<br><br>ジョウネツ<br><br>passion |

| | |
|---|---|
| **同情**<br><br>ドウジョウ<br><br>sympathy | **友情**<br><br>ユウジョウ<br><br>friendship |
| **情けない**<br><br>なさけない<br><br>Sorry | **困る**<br><br>こまる<br><br>Be troubled |
| **困難**<br><br>コンナン<br><br>Difficult | **忙しい**<br><br>いそがしい<br><br>busy |
| **戦い**<br><br>たたかい<br><br>Fight | **戦争**<br><br>センソウ<br><br>war |
| **戦前**<br><br>センゼン<br><br>Before the war | **戦後**<br><br>センゴ<br><br>Postwar |

| | |
|---|---|
| 結果<br><br>ケッカ<br><br>result | 恋愛<br><br>レンアイ<br><br>love |
| 愛情<br><br>アイジョウ<br><br>love | 愛着<br><br>アイチャク<br><br>attachment |
| 愛用<br><br>アイヨウ<br><br>Favorite | 愛読書<br><br>アイドクショ<br><br>Love reading |
| 憎む<br><br>にくむ<br><br>hate | 憎い<br><br>にくい<br><br>hateful |
| 憎らしい<br><br>にくらしい<br><br>hateful | 憎しみ<br><br>にくしみ<br><br>hatred |

| | |
|---|---|
| 憎悪<br><br>ゾウオ<br><br>hatred | 贈る<br><br>おくる<br><br>Give |
| 贈り物<br><br>おくりもの<br><br>gift | 贈与<br><br>ゾウヨ<br><br>Gift |
| 与える<br><br>あたえる<br><br>give | 関与<br><br>カンヨ<br><br>Involvement |
| 減る<br><br>へる<br><br>decrease | 減らす<br><br>へらす<br><br>cut back |
| 減少<br><br>げんしょう<br><br>Decrease | 半減<br><br>ハンゲン<br><br>Halved |

| | |
|---|---|
| **軽減**<br><br>ケイゲン<br><br>Mitigation | **想う**<br><br>おもう<br><br>think |
| **感想**<br><br>カンソウ<br><br>Impression | **想像**<br><br>ソウゾウ<br><br>Imagination |
| **空想**<br><br>クウソウ<br><br>Fantasy | **思想**<br><br>シソウ<br><br>Thought |
| **理想**<br><br>リソウ<br><br>ideal | **予想する**<br><br>ヨソウする<br><br>Predict |
| **象**<br><br>ゾウ<br><br>elephant | **印象的な**<br><br>インショウテキな<br><br>impressive |

| | |
|---|---|
| 現象<br><br>ゲンショウ<br><br>phenomenon | 映像<br><br>エイゾウ<br><br>Picture |
| 対象<br><br>タイショウ<br><br>Target | 印<br><br>しるし<br><br>mark |
| 目印<br><br>めじるし<br><br>Mark | 印象主義<br><br>インショウシュギ<br><br>Impressionism |
| 印刷<br><br>インサツ<br><br>printing | 編み物<br><br>あみもの<br><br>knitting |
| 編集<br><br>ヘンシュウ<br><br>Edit | 短編小説<br><br>タンペンショウセツ<br><br>Short story |

| | |
|---|---|
| **巻く**<br><br>まく<br><br>Roll | **出版**<br><br>シュッパン<br><br>Publishing |
| **出版社**<br><br>シュッパンシャ<br><br>the publisher | **版画**<br><br>ハンガ<br><br>Print |
| **絶える**<br><br>たえる<br><br>Cease | **絶つ**<br><br>たつ<br><br>Cut off |
| **気絶する**<br><br>キゼツする<br><br>lose consciousness | **中絶**<br><br>チュウゼツ<br><br>abortion |
| **絶対**<br><br>ぜったい<br><br>Absolute | **絶望**<br><br>ゼツボウ<br><br>despair |

| | |
|---|---|
| **望む**<br><br>のぞむ<br><br>Wish | **要望**<br><br>ヨウボウ<br><br>Request |
| **志望**<br><br>シボウ<br><br>Aspiration | **失望**<br><br>シツボウ<br><br>Disappointment |
| **本望**<br><br>ホンモウ<br><br>Desire | **志す**<br><br>こころざす<br><br>Wish |
| **意志**<br><br>イシ<br><br>will | **展開**<br><br>テンカイ<br><br>Deploy |
| **展示**<br><br>テンジ<br><br>Exhibition | **経済発展**<br><br>ケイザイハッテン<br><br>Economic development |

| 価 | 価値 |
|---|---|
| あたい | カチ |
| Price | value |
| 価格 | 物価 |
| カカク | ブッカ |
| price | prices |
| 評価 | 評判 |
| ヒョウカ | ヒョウバン |
| Evaluation | reputation |
| 評論 | 判子 |
| ヒョウロン | ハンこ |
| Criticism | seal |
| 判断 | 判事 |
| ハンダン | ハンジ |
| Judgment | Judge |

| | |
|---|---|
| **比べる**<br><br>くらべる<br><br>Compare | **比例**<br><br>ヒレイ<br><br>Proportional |
| **対比**<br><br>タイヒ<br><br>Contrast | **批評**<br><br>ヒヒョウ<br><br>Criticism |
| **批判**<br><br>ヒハン<br><br>Criticism | **定評がある**<br><br>テイヒョウがあるÊ<br><br>Has a reputation |
| **認める**<br><br>みとめる<br><br>Admit | **認識**<br><br>ニンシキ<br><br>recognition |
| **確認**<br><br>カクニン<br><br>Confirmation | **確かめる**<br><br>たしかめる<br><br>confirm |

| | |
|---|---|
| **確かな**<br><br>たしかな<br><br>Sure | **確実な**<br><br>カクジツな<br><br>Secure |
| **正確な**<br><br>セイカクな<br><br>Accurate | **明確な**<br><br>メイカクな<br><br>definite |
| **観る**<br><br>みる<br><br>Watch | **観察**<br><br>カンサツ<br><br>Observation |
| **観光**<br><br>カンコウ<br><br>Sightseeing | **観光客**<br><br>カンコウキャク<br><br>tourist |
| **観客**<br><br>カンキャク<br><br>audience | **客観的な**<br><br>キャッカンテキな<br><br>Objective |

| | |
|---|---|
| **察する**<br><br>サッする<br><br>Sympathize | 観察<br><br>カンサツ<br><br>Observation |
| 警察<br><br>ケイサツ<br><br>police | 警報<br><br>ケイホウ<br><br>alarm |
| **犯す**<br><br>おかす<br><br>commit | 犯行<br><br>ハンコウ<br><br>crime |
| 犯罪<br><br>ハンザイ<br><br>crime | 犯人<br><br>ハンニン<br><br>Criminal |
| 防犯<br><br>ボウハン<br><br>Crime prevention | 罪<br><br>つみ<br><br>sin |

| | |
|---|---|
| **無罪**<br><br>ムザイ<br><br>Not guilty | **有罪**<br><br>ユウザイ<br><br>Guilty |
| **防ぐ**<br><br>ふせぐ<br><br>prevent | **防止**<br><br>ボウシ<br><br>Prevention |
| **予防**<br><br>ヨボウ<br><br>Prevention | **消防車**<br><br>ショウボウシャ<br><br>Fire engine |
| **警官**<br><br>ケイカン<br><br>Police officer | **器官**<br><br>キカン<br><br>organ |
| **愛しい**<br><br>いとしい<br><br>I love you | **医師**<br><br>イシ<br><br>Doctor |

| | |
|---|---|
| 上司<br><br>ジョウシ<br><br>boss | 司会<br><br>シカイ<br><br>Chairman |
| 司会者<br><br>シカイシャ<br><br>chairperson | 動詞<br><br>ドウシ<br><br>verb |
| 助詞<br><br>ジョシ<br><br>Particle | 形容動詞<br><br>ケイヨウドウシ<br><br>Adjective verb |
| 形容詞<br><br>ケイヨウシ<br><br>adjective | 名詞<br><br>メイシ<br><br>noun |
| 内容<br><br>ナイヨウ<br><br>Contents | 容器<br><br>ヨウキ<br><br>container |

| | |
|---|---|
| 美容院<br><br>ビヨウイン<br><br>Hairdresser | 美容師<br><br>ビヨウシ<br><br>Cosmetologist |
| 縁<br><br>ふち<br><br>edge | 生徒<br><br>セイト<br><br>student |
| 教徒<br><br>キョウト<br><br>Muslim | 徒歩<br><br>トホÀ<br><br>Walking |
| 姓<br><br>セイ<br><br>Surname | 姓名<br><br>セイメイ<br><br>First Name |
| 同姓<br><br>ドウセイ<br><br>Same surname | 同姓同名<br><br>ドウセイドウメイ<br><br>The same name |

| | |
|---|---|
| 百姓<br><br>ヒャクショウ<br><br>One hundred surnames | 祖父<br><br>ソフ<br><br>grandfather |
| 祖母<br><br>ソボ<br><br>grandmother | 祖父母<br><br>ソフボ<br><br>Grandparents |
| 先祖<br><br>センゾ<br><br>ancestor | 孫<br><br>まご<br><br>Grandchild |
| 子孫<br><br>シソン<br><br>progeny | 育児<br><br>イクジ<br><br>Parenting |
| 小児科<br><br>ショウニカ<br><br>Pediatrics | 童話<br><br>ドウワ<br><br>Fairy tales |

| | |
|---|---|
| **児童**<br><br>ジドウ<br><br>Children | **幼い**<br><br>おさない<br><br>Young |
| **幼友達**<br><br>おさなともだち<br><br>Young friends | **幼児**<br><br>ヨウジ<br><br>Toddler |
| **健康**<br><br>ケンコウ<br><br>health | **吸う**<br><br>すう<br><br>suck |
| **呼吸**<br><br>コキュウ<br><br>Breathing | **深呼吸**<br><br>シンコキュウ<br><br>Deep breathing |
| **吸収**<br><br>キュウシュウ<br><br>absorption | **呼ぶ**<br><br>よぶ<br><br>Call |

| | |
|---|---|
| **呼びかける**<br><br>よびかける<br><br>Call out | **息**<br><br>いき<br><br>breath |
| **ため息**<br><br>ためいき<br><br>Sigh | **利息**<br><br>リソク<br><br>Interest |
| **休息**<br><br>キュウソク<br><br>rest | **息子**<br><br>むすこ<br><br>son |
| **吹く**<br><br>ふく<br><br>Blow | **吹雪**<br><br>ふぶき<br><br>Snowstorm |
| **吹き替え**<br><br>ふきかえ<br><br>dubbing | **我**<br><br>われ<br><br>I |

| | |
|---|---|
| **我が家**<br><br>わがや<br><br>My home | **己**<br><br>おのれ<br><br>Self |
| **利己的な**<br><br>リコテキな<br><br>Selfish | **自己紹介**<br><br>ジコショウカイ<br><br>Self-introduction |
| **介入**<br><br>カイニュウ<br><br>intervention | **紹介状**<br><br>ショウカイジョウ<br><br>Letter of introduction |
| **状態**<br><br>ジョウタイ<br><br>State | **現状**<br><br>ゲンショウ<br><br>Current status |
| **病状**<br><br>ビョウジョウ<br><br>Medical condition | **態度**<br><br>タイド<br><br>attitude |

| | |
|---|---|
| 状況<br><br>ジョウキョウ<br><br>Status | 近況<br><br>キンキョウ<br><br>Recent situation |
| 不況<br><br>フキョウ<br><br>recession | 保存<br><br>ホゾン<br><br>Preservation |
| 現在<br><br>ゲンザイ<br><br>Current | 滞在<br><br>タイザイ<br><br>stay |
| 歓迎<br><br>カンゲイ<br><br>welcome | 歓迎会<br><br>カンゲイカイ<br><br>welcome party |
| 迎える<br><br>むかえる<br><br>Welcome | 驚異的な<br><br>キョウイテキな<br><br>Phenomenal |

| | |
|---|---|
| 勇ましい<br><br>いさましい<br><br>Brave | 勇気<br><br>ユウキ<br><br>courage |
| 朗読<br><br>ロウドク<br><br>Reading | 教師<br><br>キョウシ<br><br>teacher |
| 満ちる<br><br>みちるÊ<br><br>be full | 満員<br><br>マンイン<br><br>Full |
| 満開<br><br>マンカイ<br><br>full bloom | 満足な<br><br>マンゾクな<br><br>Satisfied |
| 不満<br><br>フマン<br><br>Dissatisfaction | ~未満<br><br>~ミマン<br><br>Less than |

| | |
|---|---|
| **尊敬**<br><br>ソンケイ<br><br>respect | **敬語**<br><br>ケイゴ<br><br>Honorific |
| **敬意**<br><br>ケイイ<br><br>respect | **尊重する**<br><br>ソンチョウする<br><br>to respect |
| **自尊心**<br><br>ジソンシン<br><br>Self-esteem | **お礼**<br><br>おレイ<br><br>Thank you |
| **失礼**<br><br>シツレイ<br><br>Excuse me | **礼賛**<br><br>ライサン<br><br>Praise |
| **儀式**<br><br>ギシキ<br><br>Ceremony | **礼儀正しい**<br><br>レイギただし<br><br>Polite |

| | |
|---|---|
| 酔う<br><br>よう<br><br>Get drunk | 乗り物酔い<br><br>のりものよい<br><br>Motion sickness |
| 二日酔い<br><br>フツカよい<br><br>hangover | 心酔する<br><br>シンスイする<br><br>Get drunk |
| 圧力<br><br>アツリョク<br><br>pressure | 気圧<br><br>キアツ<br><br>Barometric pressure |
| 圧倒的な<br><br>アットウテキな<br><br>overwhelming | 核<br><br>カク<br><br>Nucleus |
| 核家族<br><br>カクカゾク<br><br>Nuclear Family | 核兵器<br><br>カクヘイキ<br><br>nuclear weapons |

| | |
|---|---|
| 兵士<br><br>ヘイシ<br><br>Soldier | 兵器<br><br>ヘイキ<br><br>weapons |
| 兵庫県<br><br>ヒョウゴケン<br><br>Hyogo Prefecture | 軍人<br><br>グンジン<br><br>Military man |
| 将軍<br><br>ショウグン<br><br>General | 軍国主義<br><br>グンコクシュギ<br><br>Militarism |
| 城<br><br>しろ<br><br>castle | 城下町<br><br>ジョウカマチ<br><br>castle town |
| 宮城県<br><br>ミヤギケン<br><br>Miyagi Prefecture | 武士<br><br>ブシ<br><br>samurai |

| | |
|---|---|
| **武器**<br><br>ブキ<br><br>weapon | **武力**<br><br>ブリョク<br><br>Armed force |
| **武田さん**<br><br>たけださん<br><br>Mr. Takeda | **乱れる**<br><br>みだれるÊ<br><br>Be disturbed |
| **乱す**<br><br>みだす<br><br>Disturb | **混乱**<br><br>コンラン<br><br>confusion |
| **一心不乱**<br><br>イッシンフラン<br><br>Unrest | **逆らう**<br><br>さからう<br><br>Go against |
| **逆**<br><br>ギャク<br><br>Reverse | **逆に**<br><br>ギャクに<br><br>vice versa |

| | |
|---|---|
| 逆方向<br>ギャクホウコウ<br>Reverse direction | 逆説<br>ギャクセツ<br>Paradox |
| 政治<br>セイジ<br>Politics | 政治家<br>セイジカ<br>politician |
| 政府<br>セイフ<br>government | 行政<br>ギョウセイ<br>Administration |
| 財政<br>ザイセイ<br>finance | 都道府県<br>トドウフケン<br>Prefectures |
| 権力<br>ケンリョク<br>power | 主権<br>シュケン<br>sovereignty |

| | |
|---|---|
| **権利**<br><br>ケンリ<br><br>right | **参政権**<br><br>サンセイケン<br><br>Suffrage |
| **人権**<br><br>ジンケン<br><br>human rights | **悪いの権化**<br><br>わるいのゴンゲ<br><br>Bad power |
| **改める**<br><br>あらためる<br><br>Change | **改まる**<br><br>あらたまる<br><br>Break |
| **改良**<br><br>カイリョウ<br><br>Improvement | **改革**<br><br>カイカク<br><br>reform |
| **改札口**<br><br>カイサツグチ<br><br>Ticket gate | **革**<br><br>かわ<br><br>leather |

| | |
|---|---|
| 革命<br><br>カクメイ<br><br>revolution | 規則的な<br><br>キソクテキな<br><br>Regular |
| 規則正しい<br><br>キソクただしい<br><br>Regular | 規制<br><br>キセイ<br><br>Regulation |
| 不規則な<br><br>フキソクな<br><br>irregular | 原則<br><br>ゲンソク<br><br>principle |
| 欧州<br><br>オウシュウ<br><br>Europe | 欧州連合<br><br>オウシュウレンゴウ<br><br>European Union |
| 欧米<br><br>オウベイ<br><br>Western countries | 西欧<br><br>セイオウ<br><br>Western Europe |

| | |
|---|---|
| 共に<br><br>ともに<br><br>both | 共同<br><br>キョウドウ<br><br>Joint |
| 共通<br><br>キョウツウ<br><br>Common | 共感する<br><br>キョウカンする<br><br>Sympathize |
| 共和国<br><br>キョウワコク<br><br>Republic | 共産主義<br><br>キョウサンシュギ<br><br>Communism |
| 統一する<br><br>トウイツする<br><br>Unify | 大統領<br><br>ダイトウリョウ<br><br>President |
| 統計<br><br>トウケイ<br><br>statistics | 伝統<br><br>デントウ<br><br>Tradition |

| | |
|---|---|
| 領土<br><br>リョウド<br><br>territory | 領事<br><br>リョウジ<br><br>Consul |
| 領事館<br><br>リョウジカン<br><br>Consulate | 要領がいい<br><br>ヨウリョウがいいÊ<br><br>The point is good |
| 領収書<br><br>リョウシュウショ<br><br>receipt | 地域<br><br>チイキ<br><br>Region |
| 奈良<br><br>ナラ<br><br>Nara | 神奈川県<br><br>かナがわケン<br><br>Kanagawa Prefecture |
| 境<br><br>さかい<br><br>Border | 境界<br><br>キョウカイ<br><br>boundary |

| | |
|---|---|
| 国境<br><br>コッキョウ<br><br>Border | 境内<br><br>ケイダイ<br><br>Grounds |
| 極める<br><br>きわめる<br><br>Master | 極めて<br><br>きわめて<br><br>extremely |
| 南極<br><br>ナンキョク<br><br>Antarctic | 北極<br><br>ホッキョク<br><br>Arctic |
| 積極的<br><br>セッキョクテキ<br><br>positive | 極上<br><br>ゴクジョウ<br><br>Best |
| 限る<br><br>かぎる<br><br>Limit | 限り<br><br>かぎり<br><br>limit |

| | |
|---|---|
| 限定<br>ゲンテイ<br>Limited | 期限<br>キゲン<br>Deadline |
| 制限<br>セイゲン<br>Restriction | 無限<br>ムゲン<br>infinite |
| 限度<br>ゲンド<br>limit | 最低限<br>サイテイゲン<br>minimum |
| 囲む<br>かこむ<br>Surround | 囲い<br>かこい<br>enclosure |
| 周囲<br>シュウイ<br>Around | 範囲<br>ハンイ<br>range |

| | |
|---|---|
| 周辺<br><br>シュウヘン<br><br>Surroundings | 一周する<br><br>イッシュウする<br><br>Go around |
| 試験範囲<br><br>シケンハンイ<br><br>Test range | 満たす<br><br>みたす<br><br>Fulfill |
| 隣人<br><br>リンジン<br><br>neighbor | 隣接する<br><br>リンセツする<br><br>Adjacent |
| 列<br><br>レツ<br><br>Column | 行列<br><br>ギョウレツ<br><br>matrix |
| 列車<br><br>レッシャ<br><br>train | 列島<br><br>レットウ<br><br>Archipelago |

| | |
|---|---|
| **占める**<br>しめる<br>Occupy | **占う**<br>うらなう<br>Tell |
| **占領**<br>センリョウ<br>occupation | **独占**<br>ドクセン<br>Exclusive |
| **独り**<br>ひとり<br>alone | **独り言**<br>ひとりごと<br>Single word |
| **独身**<br>ドクシン<br>Single | **独学で**<br>ドクガクで<br>Self-study |
| **独立**<br>ドクリツ<br>Independence | **独自の**<br>ドクジの<br>Own |

| | |
|---|---|
| **独特**<br><br>ドクトク<br><br>Unique | **拡げる**<br><br>ひろげる<br><br>spread |
| **拡がる**<br><br>ひろがる<br><br>spread | **拡大**<br><br>カクダイ<br><br>Expansion |
| **拡張**<br><br>カクチョウ<br><br>Expansion | **求める**<br><br>もとめる<br><br>Ask |
| **要求**<br><br>ヨウキュウ<br><br>request | **求人**<br><br>キュウジン<br><br>Job offer |
| **求人広告**<br><br>キュウジンコウコク<br><br>Job ads | **求職**<br><br>キュウショク<br><br>Job search |

| | |
|---|---|
| 災い<br>わざわい<br><br>Evil | 災害<br>サイガイ<br><br>disaster |
| 火災<br>カサイ<br><br>fire | 球根<br>キュウコン<br><br>Bulb |
| 救う<br>すくう<br><br>save | 救助<br>キュウジョ<br><br>rescue |
| 救急車<br>キュウキュウシャ<br><br>ambulance | 震災<br>シンサイ<br><br>Earthquake disaster |
| 関東大震災<br>カントウダイシンサイ<br><br>Great Kanto Earthquake | 災難<br>サイナン<br><br>Calamity |

| | |
|---|---|
| 害<br><br>ガイ<br><br>harm | 公害<br><br>コウガイ<br><br>Pollution |
| 障害<br><br>ショウガイ<br><br>Obstacle | 障害者<br><br>ショウガイシャ<br><br>handicapped |
| 保障<br><br>ホショウ<br><br>security | 震える<br><br>ふるえる<br><br>Shake |
| 震え<br><br>ふるえ<br><br>trembling | 身震い<br><br>みぶるい<br><br>Shivering |
| 地震<br><br>ジシン<br><br>earthquake | 激しい<br><br>はげしい<br><br>Intense |

| | |
|---|---|
| **急激な**<br><br>キュウゲキな<br><br>Sudden | **感激**<br><br>カンゲキ<br><br>Deep emotion |
| **余る**<br><br>あまるÊ<br><br>Be left | **余り**<br><br>あまり<br><br>remainder |
| **余計**<br><br>ヨケイ<br><br>Extra | **余計な**<br><br>ヨケイな<br><br>Unnecessary |
| **余白**<br><br>ヨハク<br><br>margin | **刻む**<br><br>きざむ<br><br>Engrave |
| **遅刻**<br><br>チコク<br><br>Late | **時刻**<br><br>ジコク<br><br>Times of Day |

| | |
|---|---|
| **時刻表**<br><br>ジコクヒョウ<br><br>time table | **定刻**<br><br>テイコク<br><br>on time |
| **秒**<br><br>ビョウ<br><br>Seconds | **秒針**<br><br>ビョウシン<br><br>second hand |
| **秒読み**<br><br>ビョウよみ<br><br>countdown | **針**<br><br>はり<br><br>needle |
| **方針**<br><br>ホウシン<br><br>policy | **量**<br><br>リョウ<br><br>amount |
| **分量**<br><br>ブンリョウ<br><br>Quantity | **生産量**<br><br>セイサンリョウ<br><br>Production volume |

| | |
|---|---|
| **容量**<br><br>ヨウリョウ<br><br>capacity | **大量**<br><br>タイリョウ<br><br>Mass |
| **億**<br><br>オク<br><br>Billion | **倍**<br><br>バイ<br><br>Double |
| **三倍**<br><br>サンバイ<br><br>Three times | **倍増**<br><br>バイゾウ<br><br>Doubling |
| **軒並み**<br><br>のきなみ<br><br>Row of houses | **枚数**<br><br>マイスウ<br><br>Number of sheets |
| **製作**<br><br>セイサク<br><br>Production | **製造**<br><br>セイゾウ<br><br>Manufacturing |

| | |
|---|---|
| **製品**<br><br>セイヒン<br><br>Product | **自家製**<br><br>ジカセイ<br><br>homemade |
| **お手製**<br><br>おてセイ<br><br>Homemade | **造る**<br><br>つくる<br><br>make |
| **荷造り**<br><br>にづくり<br><br>packing | **構造**<br><br>コウゾウ<br><br>Construction |
| **蔵**<br><br>くら<br><br>Warehouse | **冷蔵庫**<br><br>レイゾウコ<br><br>refrigerator |
| **内臓**<br><br>ナイゾウ<br><br>Internal organs | **心臓**<br><br>シンゾウ<br><br>heart |

| | |
|---|---|
| **臓器p**<br><br>ゾウキ<br><br>Organ p | **商う**<br><br>あきなう<br><br>Do business |
| **商い**<br><br>あきない<br><br>Business | **商業**<br><br>ショウギョウ<br><br>Commerce |
| **商売**<br><br>ショウバイ<br><br>business | **商店**<br><br>ショウテン<br><br>Shop |
| **商品**<br><br>ショウヒン<br><br>Product | **貿易**<br><br>ボウエキ<br><br>Trade |
| **自由貿易**<br><br>ジュウボウエキ<br><br>Free trade | **易しい**<br><br>やさしい<br><br>easy |

| | |
|---|---|
| **容易な**<br><br>ヨウイな<br><br>Easy | **輸血**<br><br>ユケツ<br><br>transfusion |
| **輸出**<br><br>ユシュツ<br><br>export | **輸入**<br><br>ユニュウ<br><br>Import |
| **企てる**<br><br>くわだてる<br><br>Plan | **企業**<br><br>キギョウ<br><br>Company |
| **企画**<br><br>キカク<br><br>Planning | **換える**<br><br>かえる<br><br>Change |
| **交換**<br><br>コウカン<br><br>Exchange | **交換留学**<br><br>コウカンリュウガク<br><br>Exchange study abroad |

| | |
|---|---|
| 換算<br><br>カンサン<br><br>Conversion | 変換<br><br>ヘンカン<br><br>conversion |
| 需要<br><br>ジュヨウ<br><br>demand | 必需品<br><br>ヒツジュヒン<br><br>Necessities |
| 独占欲が強い<br><br>ドクセンヨクが強いÊ<br><br>Strong desire for monopoly | 気分転換<br><br>キブンテンカン<br><br>Change of pace |
| 隣<br><br>となり<br><br>next to | 損<br><br>ソン<br><br>loss |
| 損な<br><br>ソンなÀ<br><br>Hurt | 損害<br><br>ソンガイ<br><br>damage |

| 得る | あり得る |
|---|---|
| える | ありえる Ê |
| obtain | possible |
| 得 | 得する |
| トク | トクする |
| Gain | Get |
| 所得 | 取得 |
| ショトク | シュトク |
| income | Get |
| 得意 | 競う |
| トクイ | きそう |
| Good at | Compete |
| 競争 | 競争相手 |
| キョウソウ | キョウソウあいて |
| competition | competitor |

| | |
|---|---|
| 競馬<br><br>ケイバ<br><br>Horse racing | 管<br><br>くだ<br><br>tube |
| 水道管<br><br>スイドウカン<br><br>water pipe | 管理<br><br>カンリ<br><br>management |
| 管理職<br><br>カンリショク<br><br>Management | 管理人<br><br>カンリニン<br><br>Administrator |
| 保管<br><br>ホカン<br><br>Storage | 任せる<br><br>まかせる<br><br>Entrust |
| 任す<br><br>まかす<br><br>Entrust | 責任<br><br>セキニン<br><br>responsibility |

| | |
|---|---|
| 任務<br><br>ニンム<br><br>mission | 任期<br><br>ニンキ<br><br>Term |
| **責める**<br><br>せめる<br><br>blame | **責任感**<br><br>セキニンカン<br><br>Sense of responsibility |
| 無責任**な**<br><br>ムセキニンな<br><br>Irresponsible | **自責の念にかられている**<br><br>ジセキのネンにかられている自<br><br>Be scorned |
| **担う**<br><br>になう<br><br>Bear | **担当**<br><br>タントウ<br><br>Responsible |
| **担当する**<br><br>タントウする<br><br>Handle | **負担**<br><br>フタン<br><br>burden |

| | |
|---|---|
| **負担する**<br><br>フタンする<br><br>bear | **積む**<br><br>つむ<br><br>Pile up |
| **積もる**<br><br>つもる<br><br>Accumulate | **見積もり**<br><br>みつもり<br><br>Estimate |
| 面積<br><br>メンセキ<br><br>area | **積極的な**<br><br>セッキョクテキな<br><br>Aggressive |
| 点検<br><br>テンケン<br><br>inspection | 探検<br><br>タンケン<br><br>expedition |
| 検定<br><br>ケンテイ<br><br>Test | 検査<br><br>ケンサ<br><br>Inspection |

| | |
|---|---|
| 調査<br><br>チョウサ<br><br>Research | 講義<br><br>コウギ<br><br>lecture |
| 講義する<br><br>コウギする<br><br>Lecture | 講師<br><br>コウシ<br><br>Lecturer |
| 休講<br><br>キュウコウ<br><br>Canceled | 述べる<br><br>のべる<br><br>Describe |
| 口述試験<br><br>コウジュツシケン<br><br>Oral examination | 前述<br><br>ゼンジュツ<br><br>Above |
| 後述<br><br>コウジュツ<br><br>Later mentioned | 述語<br><br>ジュツゴ<br><br>predicate |

| | |
|---|---|
| **記録**<br><br>キロク<br><br>Record | **記録する**<br><br>キロクする<br><br>Record |
| **録音**<br><br>ロクオン<br><br>recording | **録音する**<br><br>ロクオンする<br><br>Record |
| **録画**<br><br>ロクガ<br><br>Recording | **登録**<br><br>トウロク<br><br>Registration |
| **句**<br><br>ク<br><br>phrase | **句点**<br><br>クテン<br><br>Phrase point |
| **句読点**<br><br>クトウテン<br><br>Punctuation marks | **文句**<br><br>モンク<br><br>Complaint |

| | |
|---|---|
| **絶句する**<br><br>ゼックするÊ<br><br>Make an excuse | **俳句**<br><br>ハイク<br><br>Haiku |
| **章**<br><br>あきら<br><br>chapter | **章**<br><br>ショウ<br><br>chapter |
| **文章**<br><br>ブンショウ<br><br>Sentence | **条約**<br><br>ジョウヤク<br><br>Treaty |
| **条件**<br><br>ジョウケン<br><br>conditions | **詩**<br><br>シ<br><br>Poetry |
| **詩人**<br><br>シジン<br><br>poets | **詩情**<br><br>シジョウ<br><br>Poetry |

| | |
|---|---|
| 舞う<br><br>まう<br><br>Dance | 舞<br><br>まい<br><br>dance |
| お見舞い<br><br>おみまい<br><br>Get well | 舞台<br><br>ブタイ<br><br>stage |
| 歌舞伎<br><br>カブキ<br><br>kabuki | 劇<br><br>ゲキ<br><br>Play |
| 劇団<br><br>ゲキダン<br><br>Theater company | 劇的な<br><br>ゲキテキな<br><br>Dramatic |
| 悲劇<br><br>ヒゲキ<br><br>tragedy | 劇場<br><br>ゲキジョウ<br><br>theater |

| | |
|---|---|
| 喜劇<br><br>きげき<br><br>comedy | 悲劇<br><br>ひげき<br><br>tragedy |
| 演劇<br><br>えんげき<br><br>theater | 演技する<br><br>えんぎする<br><br>Act |
| 演出<br><br>えんしゅつ<br><br>Production | 開演時間<br><br>かいえんじかん<br><br>Opening time |
| 演説<br><br>えんぜつ<br><br>speech | 講演<br><br>こうえん<br><br>Lecture |
| 団体旅行<br><br>だんたいりょこう<br><br>Group travel | 団地<br><br>だんち<br><br>Housing complex |

| | |
|---|---|
| **団子**<br><br>だんご<br><br>dumpling | **典子さん**<br><br>にりこさん<br><br>Noriko |
| **古典**<br><br>こてん<br><br>classic | **型**<br><br>かた<br><br>Type |
| **典型的な**<br><br>てんけいてきな<br><br>Typical | **人類**<br><br>じんるい<br><br>Human race |
| **鳥類**<br><br>ちょうるい<br><br>birds | **魚類**<br><br>ぎょるい<br><br>Fish |
| **書類**<br><br>しょるい<br><br>Documents | **似顔絵**<br><br>にがおえ<br><br>portrait |

| | |
|---|---|
| **似通った**<br><br>にかよった<br><br>Similar | **似合う**<br><br>にあう<br><br>Look good |
| **真似**<br><br>まね<br><br>Imitation | **完全に**<br><br>かんぜんに<br><br>completely |
| **成功**<br><br>せいこう<br><br>success | **巨大な**<br><br>きょだいな<br><br>Huge |
| **巨人**<br><br>きょじん<br><br>Giant | **偶然**<br><br>ぐうぜん<br><br>Chance |
| **折る**<br><br>おる<br><br>Fold | **〜折に**<br><br>〜おりにÀ<br><br>Occasionally |

| | |
|---|---|
| **折り返す**<br><br>おりかえす<br><br>Turn back | **折半する**<br><br>せっぱんする<br><br>Split |
| **窓際**<br><br>まどぎわ<br><br>At the window | **間際に**<br><br>〜まぎわに<br><br>In the near future |
| **交際する**<br><br>こうさいする<br><br>To associate | **国際**<br><br>こくさい<br><br>international |
| **暮らす**<br><br>くらす<br><br>live | **日が暮れる**<br><br>ひがくれる<br><br>Sun set |
| **夕暮れ**<br><br>ゆうぐれ<br><br>evening | **お歳暮**<br><br>おせいび<br><br>Year-end |

| | |
|---|---|
| **善い**<br><br>いい<br><br>good | **改善**<br><br>かいぜん<br><br>Improvement |
| **幸い**<br><br>さいわい<br><br>Fortunately | **幸せ**<br><br>しあわせ<br><br>happiness |
| **幸運**<br><br>コウウン<br><br>Good luck | **不幸**<br><br>フコウ<br><br>Misery |
| **富む**<br><br>とむÊ<br><br>Rich | **富山県**<br><br>とやまケン<br><br>Toyama Prefecture |
| **富士山**<br><br>フジサン<br><br>Mount Fuji | **富国強兵**<br><br>フコクキョウヘイ<br><br>Rich country strongman |

| | |
|---|---|
| **豊かな**<br><br>ゆたかな<br><br>Rich | **豊富な**<br><br>ほうふな<br><br>Rich |
| **栄える**<br><br>さかえる<br><br>Flourish | **見栄え**<br><br>みばえ<br><br>appearance |
| **光栄な**<br><br>コウエイな<br><br>Honored | **栄転**<br><br>エイテン<br><br>Rise |
| **宝**<br><br>たから<br><br>Treasure | **宝石**<br><br>ホウセキ<br><br>jewelry |
| **国宝**<br><br>コクホウ<br><br>National treasure | **玉**<br><br>たま<br><br>ball |

| | |
|---|---|
| 水玉<br>みずたま<br>Polka dot | 百円玉<br>ヒャクエンだま<br>Hundred yen coin |
| あめ玉<br>あめだま<br>Candy balls | 目玉<br>めだまŒ<br>Featured |
| 玉座<br>ギョクザ<br>Throne | 焼き付ける<br>やきつける<br>Burn |
| 焼き物<br>やきもの<br>pottery | 焼失<br>ショウシツ<br>Burnout |
| 焼死する<br>ショウシする<br>Burn up | 単純な<br>タンジュンな<br>Simple |

| | |
|---|---|
| **純情な**<br><br>ジュンジョウ<br><br>Innocence | **疑う**<br><br>うたがう<br><br>doubt |
| **疑わしい**<br><br>うたがわしい<br><br>I doubt it | **疑問文**<br><br>ギモンブン<br><br>Question |
| **容疑者**<br><br>ヨウギシャ<br><br>Suspect | **浅い**<br><br>あさい<br><br>shallow |
| **普通**<br><br>フツウ<br><br>usually | **普段**<br><br>フダン<br><br>usually |
| **普段着**<br><br>フダンギ<br><br>Everyday wear | **及ぶ**<br><br>およぶ<br><br>Span |

| | |
|---|---|
| **及び**<br><br>および<br><br>as well as | **及第する**<br><br>キュウダイするÊ<br><br>To |
| **言及する**<br><br>ゲンキュウする<br><br>Mention | **往く**<br><br>ゆく、いく<br><br>Go |
| **往生する**<br><br>オウジョウするÊ<br><br>Go out of life | **往復**<br><br>オウフク<br><br>round trip |
| **復習**<br><br>フクシュウ<br><br>review | **反復**<br><br>ハンプク<br><br>Iteration |
| **回復する**<br><br>カイフクする<br><br>Recover | **復元**<br><br>フクゲン<br><br>Restore |

| | |
|---|---|
| 復活<br><br>フッカツ<br><br>Revival | 復帰する<br><br>フッキする<br><br>Recover |
| 券<br><br>ケン<br><br>ticket | 装う<br><br>よそおう<br><br>Disguise |
| 装い<br><br>よそおい<br><br>Guise | 衣装<br><br>イショウ<br><br>Costume |
| 改装<br><br>カイソウ<br><br>Renovation | 包装<br><br>ホウソウ<br><br>Packaging |
| 軽装<br><br>ケイソウ<br><br>Light clothing | 変装<br><br>ヘンソウ<br><br>disguise |

| | |
|---|---|
| **盛り上がる**<br><br>もりあがる<br><br>Swell | **盛り場**<br><br>さかりば<br><br>Place |
| **全盛**<br><br>ゼンセイ<br><br>Prime | **壮大な**<br><br>ソウダイな<br><br>Spectacular |
| **悲壮な**<br><br>ヒソウな<br><br>Sad | **到着**<br><br>トウチャク<br><br>arrival |
| **航海**<br><br>コウカイ<br><br>Voyage | **夜汽車**<br><br>よギシャ<br><br>night train |
| **舟**<br><br>ふね<br><br>boat | **沈む**<br><br>しずむ<br><br>Sink |

| | |
|---|---|
| **沈着な**<br><br>チンチャクな<br><br>Deposited | **順**<br><br>ジュン<br><br>order |
| **順々に**<br><br>ジュンジュンに<br><br>In turn | **順番**<br><br>ジュンバン<br><br>Order |
| **道順**<br><br>みちジュン<br><br>Directions | **順応する**<br><br>ジュンノウする<br><br>Adapt |
| **翌日**<br><br>ヨクジツ<br><br>next day | **翌晩**<br><br>ヨクバン<br><br>Next night |
| **延びる**<br><br>のびる<br><br>Extend | **延べ**<br><br>のべ<br><br>total |

| | |
|---|---|
| **延期する**<br><br>エンキする<br><br>put off | **延長**<br><br>エンチョウ<br><br>Extension |
| **柱**<br><br>はしら<br><br>Pillar | **仮面をかぶる**<br><br>カメンをかぶる<br><br>Wear a mask |
| **仮装**<br><br>カソウ<br><br>Temporary dress | **単なる仮定**<br><br>たんなるカテイ<br><br>Simple assumption |
| **仮説を立てる**<br><br>カセツを立てる<br><br>Make a hypothesis | **お菓子**<br><br>おカシ<br><br>Sweets |
| **和菓子**<br><br>ワガシ<br><br>Japanese sweets | **洋菓子**<br><br>ヨウガシ<br><br>Western confectionery |

| | |
|---|---|
| 干す<br>ほす<br>Dry | 干物<br>ひもの<br>Dried fish |
| 干害<br>カンガイ<br>Poisoning | 基づく<br>もとづく<br>Based on |
| 基本<br>キホン<br>Basic | を基準とする<br>をキジュンとする<br>Based on |
| 永久<br>エイキュウ<br>Forever | 途中<br>トチュウ<br>On the way |
| 幸<br>さち<br>Good luck | 協会<br>きょうかい<br>Association |

| | |
|---|---|
| 協議<br>きょうぎ<br>Discussions | 協調<br>きょうちょう<br>Coordination |
| 協調性<br>きょうちょうせい<br>Cooperativeness | 口紅<br>くちべに<br>lipstick |
| 紅茶<br>こうちゃ<br>Black tea | 紅葉<br>こうよう<br>Autumn leaves |
| お互い<br>おたがい<br>each other | 交互に<br>こうごに<br>Alternately |
| 相互<br>そうご<br>Mutual | 厚い<br>あつい<br>thick |

| | |
|---|---|
| **温厚な**<br><br>おんこうな<br><br>Gentle | **薄い**<br><br>うすい<br><br>thin |
| **薄暗い**<br><br>うすぐらい<br><br>dim | **薄れる**<br><br>うすれる<br><br>Fade |
| **軽薄な**<br><br>けいはくな<br><br>Flirty | **薄情な**<br><br>はくじょうな<br><br>Faint |
| **更に**<br><br>さらに<br><br>Furthermore | **今更**<br><br>いまさら<br><br>now |
| **更新**<br><br>こうしん<br><br>update | **変更**<br><br>へんこう<br><br>Change |

| | |
|---|---|
| 才能<br>さいのう<br>talent | 天才<br>てんさい<br>genius |
| 諸国<br>しょこく<br>Countries | 諸問題<br>しょもんだい<br>Problems |
| 琉球諸島<br>りゅうきゅうしょとう<br>Ryukyu Islands | 一緒<br>いっしょ<br>together |
| 情緒<br>じょうちょ<br>Emotion | 鼻<br>はな<br>nose |
| 耳鼻科<br>じびか<br>Otolaryngology | 除く<br>のぞく<br>except |

| | |
|---|---|
| **取り除く**<br><br>とりのぞく<br><br>remove | **掃除**<br><br>そうじ<br><br>clean up |
| **脱ぐ**<br><br>ぬぐ<br><br>Take off | **脱出**<br><br>だっしゅつ<br><br>escape |
| **脱落**<br><br>だつらく<br><br>drop out | **召す**<br><br>めす<br><br>Call |
| **召し上がる**<br><br>めしあがる<br><br>Eat up | **召集**<br><br>しょうしゅう<br><br>Call |
| **承る**<br><br>うけたまわる<br><br>To hear | **承知**<br><br>しょうち<br><br>Acknowledgment |

| | |
|---|---|
| **承認**<br><br>しょうにん<br><br>Approval | **精一杯**<br><br>せいいっぱい<br><br>All the way |
| **精神**<br><br>せいしん<br><br>spirit | **精神病**<br><br>せいしんびょう<br><br>Mental illness |
| **無精な**<br><br>ぶしょうな<br><br>Innocent | **総合**<br><br>そうごう<br><br>Overall |
| **総計**<br><br>そうけい<br><br>Grand total | **総会**<br><br>そうかい<br><br>General Assembly |
| **この程**<br><br>このほど<br><br>About this | **先程**<br><br>さきほど<br><br>Earlier |

| | |
|---|---|
| 程度<br>ていど<br>degree | 日程<br>にってい<br>Schedule |
| 過程<br>かてい<br>process | 鼻緒<br>はなお<br>Nose |
| 課程<br>かてい<br>Course | 学士課程<br>がくしかてい<br>Undergraduate course |
| 底<br>そこ<br>bottom | 海底<br>かいてい<br>Ocean floor |
| 根底<br>こんてい<br>Underlying | 適する<br>てきする<br>Suitable |

| | |
|---|---|
| 適当な<br><br>てきとうな<br><br>Appropriate | 適切な<br><br>てきせつな<br><br>Appropriate |
| 適度の<br><br>てきどの<br><br>Moderate | 適応<br><br>てきおう<br><br>Adaptation |
| 投げ出す<br><br>なげだす<br><br>Throw out | 投資<br><br>とうし<br><br>investment |
| 導く<br><br>みちびく<br><br>Lead | 導入<br><br>どうにゅう<br><br>Introduction |
| 指導<br><br>しどう<br><br>Teaching | 指導者<br><br>しどうしゃ<br><br>Leader |

| | |
|---|---|
| **破る**<br>やぶる<br><br>Break | **破れる**<br>やぶれる<br><br>Break |
| **破く**<br>やぶく<br><br>Break | **破産**<br>はさん<br><br>bankruptcy |
| **破片**<br>はへん<br><br>Debris | **突破**<br>とっぱ<br><br>Breakthrough |
| **祝杯を上げる**<br>しゅくはいをあげる<br><br>Raise a celebration cup | **博士**<br>はくし<br><br>Doctor |
| **博士号**<br>はくしごう<br><br>doctorate | **博識な**<br>はくしきなÊ<br><br>Knowledgeable |

| | |
|---|---|
| 博物館<br><br>はくぶつかん<br><br>Museum | 博士<br><br>はかせ<br><br>Doctor |
| 髪の毛<br><br>かみのけ<br><br>hair | 金髪<br><br>きんぱつ<br><br>Blonde |
| 雄<br><br>おす<br><br>Male | 英雄<br><br>えいゆう<br><br>hero |
| 雄大な<br><br>ゆうだいな<br><br>Majestic | 英雄<br><br>ひでお<br><br>hero |
| 雄一<br><br>ゆういち<br><br>Yuichi | 浴びる<br><br>あびる<br><br>Take a bath |

| | |
|---|---|
| **水浴び**<br><br>みずあび<br><br>Bathing | **海水浴**<br><br>かいすいよく<br><br>Swimming bath |
| **入浴**<br><br>にゅうよく<br><br>bathing | **浴室**<br><br>よくしつ<br><br>bathroom |
| **浴衣**<br><br>ゆかた<br><br>yukata | **副社長**<br><br>ふくしゃちょう<br><br>Vice president |
| **副議長**<br><br>ふくぎちょう<br><br>Vice-chairman | **副詞**<br><br>ふくし<br><br>adverb |
| **副作用**<br><br>ふくさよう<br><br>Side effects | **副産物**<br><br>ふくさんぶつ<br><br>By-product |

| | |
|---|---|
| 一般<br><br>いっぱん<br><br>General | 一般化<br><br>いっぱんか<br><br>Generalization |
| 一般的な<br><br>いっぱんてきな<br><br>general | 全般<br><br>ぜんぱん<br><br>General |
| 退職<br><br>たいしょく<br><br>retirement | 定年退職<br><br>ていねんたいしょく<br><br>retirement |
| 退院<br><br>たいいん<br><br>Discharged hospital | 中退<br><br>ちゅうたい<br><br>Dropout |
| 退社<br><br>たいしゃ<br><br>Leaving | 引退<br><br>いんたい<br><br>Retirement |

| | |
|---|---|
| **辞退する**<br><br>じたいする<br><br>Decline | **効く**<br><br>きくÊ<br><br>Works |
| **効き目**<br><br>ききめ<br><br>efficacy | **効果**<br><br>こうか<br><br>effect |
| **有効な**<br><br>ゆうこうな<br><br>An effective | **無効な**<br><br>むこうな<br><br>Invalid |
| **協力**<br><br>きょうりょく<br><br>Cooperation | **陸地**<br><br>りくち<br><br>Land |
| **大陸**<br><br>たいりく<br><br>Continent | **内陸**<br><br>ないりく<br><br>inland |

| 着陸 | 陸軍 |
|---|---|
| ちゃくりく | りくぐん |
| landing | Army |
| 丘 | 丘さん |
| おか | おかさん |
| hill | Mr. hill |
| 坂 | 坂道 |
| さか | さかみち |
| Slope | Slope |
| 上り坂 | 下り坂 |
| のぼりざか | くだりざか |
| Uphill | downhill |
| 坂井さん | 坂本さん |
| さかいさん | さかもとさん |
| Mr. Sakai | Mr. Sakamoto |

| | |
|---|---|
| 光沢<br>こうたく<br>Gloss | 金沢<br>かなざわ<br>Kanazawa |
| 沼<br>ぬま<br>Swamp | 泥沼<br>どろぬま<br>Swamp |
| 沼田さん<br>ぬまたさん<br>Mr. Numata | 河<br>かわ<br>river |
| 河原<br>かわら<br>Kawara | 河川<br>かせん<br>River |
| 運河<br>うんが<br>canal | 入り江<br>いりえ<br>Cove |

| | |
|---|---|
| 江戸<br><br>えど<br><br>Edo | 夏江さん<br><br>なつえさん<br><br>Mr. Natue |
| 湖<br><br>みずうみ<br><br>lake | 岸<br><br>きし<br><br>shore |
| 川岸<br><br>かわぎし<br><br>Riverbank | 右岸<br><br>うがん<br><br>right bank |
| 左岸<br><br>さがん<br><br>left bank | 海岸<br><br>かいがん<br><br>Coast |
| 御崎<br><br>みさき<br><br>Misaki | 谷崎さん<br><br>たにざきさん<br><br>Mr. Tanizaki |

| | |
|---|---|
| **宮崎さん**<br><br>みやざきさん<br><br>Miyazaki | **東京湾**<br><br>とうきょうわん<br><br>Tokyo Bay |
| **浜**<br><br>はま<br><br>beach | **砂浜**<br><br>すなはま<br><br>Sandy beach |
| **横浜**<br><br>よこはま<br><br>Yokohama | **京浜**<br><br>けいひん<br><br>Keihin |
| **島**<br><br>しま<br><br>island | **小島**<br><br>こじま<br><br>Kojima |
| **半島**<br><br>はんとう<br><br>Peninsula | **列島**<br><br>れっとう<br><br>Archipelago |

| | |
|---|---|
| 諸島<br><br>しょとうî<br><br>Islands | 島田さん<br><br>しまださん<br><br>Mr. Shimada |
| 田島さん<br><br>たじまさん<br><br>Mr. Tajima | 沖<br><br>おき<br><br>Oki |
| 沖縄<br><br>おきなわ<br><br>Okinawa | 波<br><br>なみ<br><br>wave |
| 津波<br><br>つなみ<br><br>tsunami | 電波<br><br>でんぱ<br><br>Radio wave |
| 波及する<br><br>はきゅうする<br><br>Spread | 波子さん<br><br>なみこさん<br><br>Hamako |

| | |
|---|---|
| 漁業<br>ぎょぎょう<br>Fishery | 漁船<br>ぎょせん<br>Fishing boat |
| 漁村<br>ぎょそん<br>fishing village | 漁に出る<br>りょうにでる<br>Go fishing |
| 漁師<br>りょうし<br>Fisherman | 大漁<br>たいりょう<br>Large fishing |
| 市街地<br>しがいち<br>Urban area | 商店街<br>しょうてんがい<br>Shopping street |
| 街道<br>かいどう<br>highway | 郊外<br>こうがい<br>Suburbs |

| | |
|---|---|
| **近郊**<br><br>きんこう<br><br>Suburbs | **郷里**<br><br>きょうり<br><br>Hometown |
| **故郷**<br><br>こきょう<br><br>Hometown | **望郷の念**<br><br>ぼうきょうのねん<br><br>Nostalgic feeling |
| **大阪**<br><br>おおさか<br><br>Osaka | **陸**<br><br>りく<br><br>land |
| | |
| | |

Printed in Great Britain
by Amazon